敬語だけじゃない

敬語表現

心づかいと思いやりを伝える「丁寧さ」

蒲谷　宏　著

大修館書店

はじめに

日本語で「丁寧さ」を表すものは何かと問われて、最初に思い浮かぶのは、「敬語」ではないでしょうか。

たとえば、「佐藤さんは行く？」という言い方よりも、「佐藤さんは行きますか？」のように「ます」という敬語のあるほうが、丁寧だと感じられることは言うまでもありません。そして、「佐藤さまはいらっしゃいますか？」のように「さま」や「いらっしゃる」という敬語を加えれば、さらに丁寧さが増すといえるわけです。

このように、敬語によって丁寧さを加えたり、表現を丁寧にしたりすることは、日本語の大きな特色だといえるでしょう。敬語を学ぶことによって、相手に対する「敬《うやま》い」、自分に関する「謙《へりくだ》り」、表現における「改まり」といった意味での「丁寧さ」を表現することができるようになるでしょう。

しかし、さらに広い意味での「気遣い」や「思いやり」、「尊重」などといった観点で括られる「丁寧さ」を表す方法は、敬語によるものだけではありません。

たとえば、目の前の相手に何かを取ってほしいとき、「取ってくれ。」と言うよりも、「取ってもらえる？」などと言うほうが、相手に配慮した、丁寧な表現になります。この丁寧さは、「さま」や「いらっしゃる」、「申し上げる」や「まいる」などといった敬語によるものではなく、表現の工夫によって表されるものです。

この本では、このような、敬語ではなく表現の仕方によって表される丁寧さ（以下、「敬語によらない丁寧さ」と呼びます）がどのようなものなのか、その基本的な考え方について述べることにします。そして、「敬語によらない丁寧さ」によって、他者に配慮し、他者を尊重するとはどういうことなのかを明らかにし、それを目指すためのコミュニケーションの具体的なあり方を考えていきたいと思います。

なお、そもそも「丁寧さ」を表す必要があるのは、基本的には、何をどう表現しても許されるような親しい関係ではなく、一般的な社会生活を送る上での人間関係における表現の場合です。そのため、「佐藤、それ取って?」といった「タメ口」ではなく、「佐藤さん、それを取ってくれますか?」というような「です・ます」を用いた表現を足場にし、その上で必要になる「敬語によらない丁寧さ」について説明していくことにします。もちろん、「親しき中にも礼儀あり」といえるので、「敬語によらない丁寧さ」は、親しい関係であっても役立つものとなるでしょう。

もくじ

第Ⅱ部　「丁寧さ」のしくみ……39

第Ⅲ部 「丁寧さ」を伝える表現の工夫……71

【コラム】

第Ⅰ部

「敬語によらない丁寧さ」

まずは、いくつかの問いを基に考えていきましょう。

たとえば、「それ、取ってあげましょうか?」と「それ、取りましょうか?」といった二つの表現を提示します。

あなたが、ふだん、「いらっしゃる」や「申し上げる」のような敬語は使わないけれども「です・ます」は使って話す相手はだれでしょうか。あまり親しくはない同級生や同僚でしょうか。その人をイメージして、その人に向かって表現した場合、ということで次の(1)、(2)について考えてみてください。

(1) どちらの表現のほうが、より丁寧だと感じられるか。

(2) それはなぜか。

(1)については、理屈抜きの直観的な判断でかまいません。(2)では、なぜそう判断したのか、その理由を考えてみてください。ただし、敬語が使ってあるから丁寧だ、ということ以外の理由です。

もちろん、私たちは一々理屈を考えながら表現しているわけではありません。理由を説明しろと言われても、そんなことは考えていないと感じる場合も多いだろうと思います。しかし、たとえ無意識にではあっても、実は、その表現の根底にある何らかのしくみに基づいて表現を使い分けているといえることも多いのです。ぜひ、その原理、基本的なしくみを探り当ててみてください。

この本ではそうした「敬語によらない丁寧さ」の基本的なしくみについて考え、説明していきます。特に自覚はしていなくても、言われてみればそうなのかもしれない、となれば、その「基本的なしくみ」が働いている可能性があるわけです。ただし大切なのは、それを知識として知ることではなく、それを活用することによって、相手との人間関係をよりよくしていくための表現を自ら選択できるようになる、すなわち、よりよいコミュニケーションを実践していくための力を高めていくことなのです。

◉問い——より丁寧な表現はどちら?

以下の[1]〜[6]について、考えてみてください。

(1) AとBのどちらの表現のほうが、より丁寧だと感じられますか。

(2) それはなぜでしょうか。

[1]

A　それ、取ってください。

B　それ、取ってくれますか?

(→解説は10ページ)

2

A　それ、取ってくれますか？

B　それ、取ってもらえますか？

（→解説は15ページ）

3

A　それ、取ってもらえますか？

B　それ、取ってもらってもいいですか？

（→解説は20ページ）

4

A　五時に帰らせてもらえますか？

B　五時に帰らせてもらってもいいですか？

（→解説は24ページ）

5

A　五時に帰ります。

B　五時に帰らせてもらいます。

(↓解説は28ページ)

6

A　それ、取ってあげましょうか?

B　それ、取りましょうか?

(↓解説は31ページ)

◉答え——より丁寧な表現は……

さあ、いかがでしたか。まずは、

(1) AとBのどちらの表現のほうが、より丁寧だと感じられるか。

について見ていきましょう。

最初に種明かしをしてしまうと、この本では、1から6までのすべてで、

「Bのほうが丁寧だと感じられる」

という回答になることを想定しています。

しかし、「いやいや、これはAのほうが丁寧だ」という人もいるでしょう。あるいは、「そもそも、わたしはこんな言い方はしない」、「わたしは、この表現は嫌いだ」などといった、いろいろな意見が出てくるかもしれません。

こうした直感的な判断や印象は大切なのですが、それについては後で扱うこととして、さらに話を進めていきましょう。

すべて「Bのほうが丁寧だと感じられる」

となった場合、その次に、

(2) それはなぜか。

について、考えていくことにします。その理由が、この本で説明する「敬語によらない丁寧さ」のしくみに関わるものになるわけです。

それでは、以下、1から順に、なぜBの表現のほうがAの表現よりも丁寧だといえるのか、その理由についてみていきましょう。ここでは、まずその要点について解説します。

1 「取ってください。」と「取ってくれますか？」

――相手がNOと言えるかどうか

まず、1について見ていきましょう。

1

A　それ、取ってください。

B　それ、取ってくれますか？

A、Bのどちらも、相手にそれを取るようにお願いしている表現ではありますが、**Aは頼んでいるというよりも「指示」をしている表現、Bは「依頼」をしている表現という違いがある、**といえます。

「取ってください。」は、相手に対して「指示」をしているので、基本的には、相手からのNOという返事は想定していない表現です。それに対して、「取ってくれますか？」は、「依頼」をしているので、基本的には、相手に対してNOという返事をする余地を与えている表現だといえます。

1で注目したいのは、指示と依頼の表現における丁寧さの違いということになりますが、**相手にNOと言える余地を残して依頼するほうが、NOと言えない指示をするよりも丁寧だ**、ということです。その意味で、「取ってください。」よりも「取ってくれますか？」のほうが丁寧だ、といえるわけです。

ところで、YES／NOが言える、言えないというのは、少し硬い言葉になりますが、その行為に関する「決定権」がある、「決定権」がない、と言い換えることができます。「決定権」を持つ、「決定権」を持てない、としてもよいでしょう。

そうすると、（**自分が「決定権」を持つよりも**）**相手に「決定権」を持たせるほうが丁寧になる**、ということができるわけです。具体的な表現として、最も端的にそれが現れているのは、文末に「～か？」がある表現ということです。これは、相手に意思を尋ねているという意味なので、「か」が明示されてはいない「取ってくれます？」も同様です。

ポイント

①「～してください」は、指示をする表現で、相手にNOと言わせない＝決定権を自分が取る表現。

②「～してくれますか？」は、依頼をする表現で、相手がNOと言えるようにする＝決定権を相手に持たせる表現。

③「決定権」は自分が取ってしまうのではなく、相手に持たせる方が丁寧になる。

「取ってくれますか?」と「取ってくれませんか?」

1とは直接には関係がありませんが、よく出る質問として、「取ってくれますか?」と「取ってくれませんか?」はどちらが丁寧か、というものがあります。

これは、「~ますか?」(肯定形での質問)と「~ませんか?」(否定形での質問)の違いなのですが、「取ってくれますか?」は、前提として「取ってくれる(だろう)」という見込みがあり、「取ってくれませんか?」は、前提として「取ってくれない(かもしれない)」と捉えている、という違いがあると考えられます。もちろん、これはあくまでも、形式上そうしたニュアンスを帯びる、ということではありますが、その意味では、相手が取ってくれる可能性が高いという認識に基づく「~ますか?」よりも、そうは思っていない「~ませんか?」を使うほうが丁寧だといえるわけです。

ただし、「~ませんか?」を用いれば常に丁寧になるということではなく、相手が取ってくれる可能性が高いときに「取ってくれませんか?」と言ったのでは、丁寧というよりもどこか相手を信頼していないようなニュアンスが出てしまうので、気をつける必要があります。「この形式を用いれば必ず丁寧な表現になる」というわけではないのです。

[2]「取ってくれますか?」と「取ってもらえますか?」

——あなたの行動なのか、わたしの行動なのか?

[2]

A　それ、取ってくれますか?

B　それ、取ってもらえますか?

AとBの違いは、「~てくれる」を使うか「~てもらえる」を用いるかの違いです。

AもBも、「それを取る」のは、自分ではなくて相手です。「してくれる」「してもらえる」というのは、だれが、だれに、という人間関係と、だれが、だれに「してくれる」のか、だれが、だれに「してもらえる」のかといった恩恵の方向を示すために用いられています。「取ってくれる」は、「取る」のも「(取っ)てくれる」のも相手の動作となる、つまり、「(あなたが)取る」、「(あなたがわたしに取っ)てくれる」ということになります。それに対して、「取ってもらえる」は、「取る」のは相手ですが、「(取っ)てもらえる」のは自分の動作となる、つまり、「(あなたが)取る」、「(わたしがあなたに取っ)てもらえる」という点が大きな違いとなるわけです。

これは、事実としての問題ではなく表現上の問題なので、少しわかりにくいかもしれません。事実として「取る」のは、もちろん「あなた」なので、AもBもどちらも、あなたが「取る」ことをお願いしているわけですが、「取ってくれる」がそのことを表現としても直接示しているのに対して、「取ってもらえる」は、「わたし」が取ってもらえるかどうかを尋ねるという表現に変えています。つまり、**「取ってもらえますか?」**は、**「あなた(が取ってくれる)」**から**「わたし(が取ってもらえる)」**へと変換した表現になるということなのです。

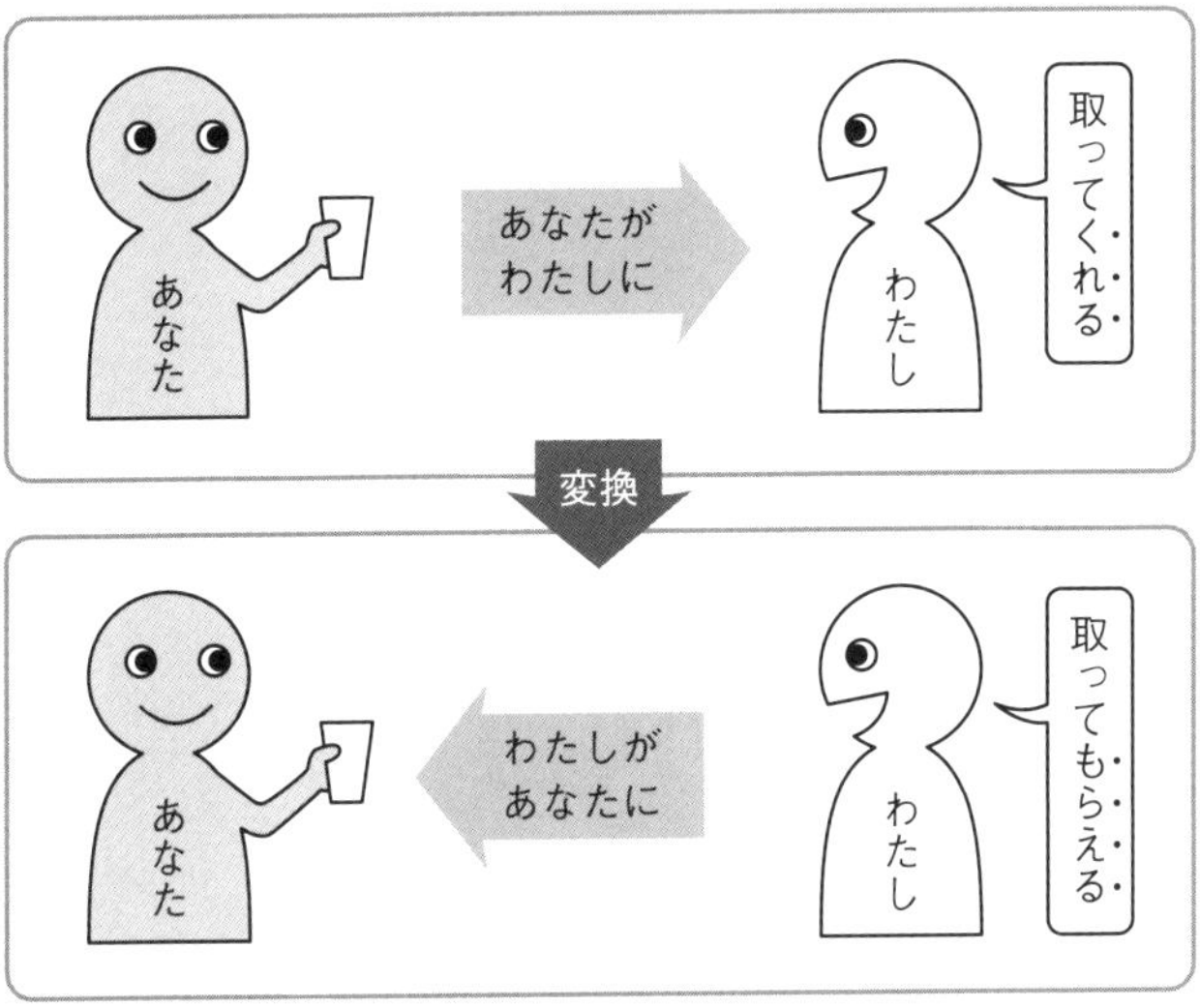

これが何を意味しているのかというと、もちろん「あなたが取ってくれる」のだけれど、それを「わたしが取ってもらえる」に切り替えることで、「あなたがしてくれるかどうか」を尋ねているのではなくて、「わたしがしてもらえるのかどうか」を尋ねている、つまり、**あなたの意思や行動を問題にしているのではなく、わたしがあなたからの恩恵を受けられるかどうかを尋ねているという表現にすることで、より丁寧にしようとしているのだ**、ということです。

こうした違いは、ほんの小さな差のように見えるかもしれませんが、この**「あなた**

の行動をわたしの行動に切り替える」という表現上の工夫は、本質的に重要な点であって、そのために、「～てもらう」「～てもらえる」が、実際に多用されていることにもつながっているのだと考えられます。

ポイント

・相手に行動させるのではなく、自分が行動する（かのように表現する）ほうが丁寧になる。

「取ってくださいますか？」と「取っていただけますか？」

「取ってくれますか？」「取ってもらえますか？」をそれぞれ敬語化した、「取ってくださいますか？」と「取っていただけますか？」の違いについても、同様のことがいえます。どちらが丁寧だと感じるか、という簡単な調査を行うと、「取っていただけますか？」のほうが丁寧だと思う、という意見が常に八〇％以上になります（「取ってくださいますか？」のほうが丁寧だといって譲らない人もいますが）。

敬語化すると、実は丁寧さの違いは少なくなると思えるのですが、直感的に丁寧さの差が感じ取れるということは、「〜ていただける」のほうが、「（わたしがあなたに）お願いしている」という気持ちに合った、より丁寧な表現だといえるからでしょう。

3 「取ってもらえますか?」と「取ってもらってもいいですか?」
――依頼をするのか、許可を求めるのか①

3
A それ、取ってもらえますか?
B それ、取ってもらってもいいですか?

Aの「取ってもらえますか?」は2(15ページ)で見たように、「~てもらえる」を用いることで自分が恩恵を受けることを表し、「取ってくれる」という相手の動作ではなく「取ってもらえる」という自分の行動に切り替えることでの丁寧さを示すとともに、文末の「~か?」によって、相手に「決定権」を渡し、YES/NOの判断を委ねるといった、非常に丁寧な表現となっています。しかし「取ってもらえますか?」にとどまらず、さらにBの「取ってもらってもいいですか?」という表現がよく使われるようになっているという実態があります。[3]は、それについての検討ということになります。

ここでは、AとBとの基本的な違いについて、簡単に述べておきたいと思います。まず、表現全体の性質ですが、Aの「それ、取ってもらえますか?」は、依頼する表現であり、Bの「それ、取ってもらってもいいですか?」は、表現の形式から見ると、許可を求める表現であるということです。

依頼する表現と、許可を求める表現との最も大きな違いは、基本的に、依頼が、相手への働きかけをする表現であるの対して、許可を求める表現は、自分の行動について相手の許しを得るものだということでしょう。

Aの「それ、取ってもらえますか?」は、[2]で述べたように、「取ってくれますか?」よりも、自分の行動に切り替えている分、より丁寧だといえます。しかしながら、結局は、「相手が取る」ことを依頼している表現だといえるでしょう。

それに対して、Bの「取ってもらってもいいですか?」は、「自分が取ってもらう」ことの許可を求めている表現です。

先に見た2では、「相手に行動させるのではなく、自分が行動する（かのように表現する）ほうが丁寧になる」と説明しましたが、さらに言うと、相手に「取る」という行動をさせようとするAよりも、自分が「取ってもらう」ことについての許可を求めるBのほうが丁寧な表現になるということです。

ただし、3のAとBでは、丁寧さの違いが大きく表れているわけではありません。また何よりも、Bの「取ってもらってもいいですか?」といった表現が回りくどくて好ましくない、と感じる人もいるため、丁寧さの違いを考える以前に、Bは妙な表現だから使わない、嫌いだ、という直観的な印象のほうが強くなるかもしれません。

しかしながら、好き嫌いとは別に、この「~てもらってもいいですか」という形式は、今後さらに広がっていく可能性があり、それは丁寧さのしくみに即しているのだ、ということができるでしょう。それについてのより詳しい点は、この本の後半でも考えていきたいと思います。

ポイント

・依頼する（相手への働きかけをする）よりも許可を求める（自分の行動について相手の許しを得る）ほうが丁寧になる。

4 「帰らせてもらえますか？」と「帰らせてもらってもいいですか？」
——依頼をするのか、許可を求めるのか②

4

A　五時に帰らせてもらえますか？
B　五時に帰らせてもらってもいいですか？

Aは、2（15ページ）で検討した「取ってくれますか？」と同じ、依頼をする表現です。「取ってくれますか？」では、「取る」は相手の行動であり、「（自分のために）相手が取る」ことを頼んでいます。

一方、Aの「帰らせてもらえますか？」では、「帰る」は自分の行動、「帰らせる」が相手の行動です。つまり、「自分を帰らせること」を相手に頼んでいる表現だといえます。

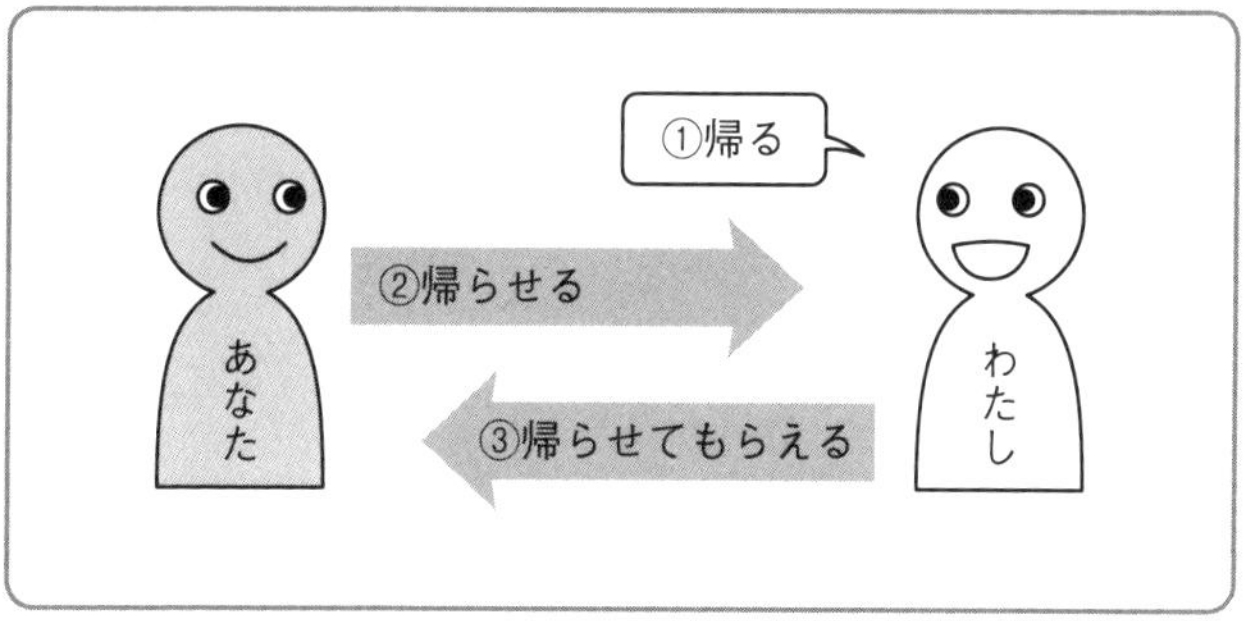

①わたしが「帰る」
②あなたがわたしを「帰らせる」
③わたしがあなたに「帰らせてもらえる」

「〜てもらえますか?」の部分も、2や3で見た「取ってもらえますか?」と同じように考えると、「〜てもらえる」で相手の行動(=帰らせる)を自分の行動(=帰らせてもらえる)に切り替え、それを恩恵と捉えるとともに、文末の「〜か?」で相手に決定権を委ねる、という表現になっていることがわかります。

「帰る」のが自分、「帰らせる」のが相手、「帰らせてもらえる」のが自分と、なんだかわかりにくい表現にはなっていますが、このように分析すると、十分に丁寧な表現であることがわかるでしょう。

ただし、Aは相手に働きかけるという性質のある依頼の表現になっているため、[3]（20ページ）で述べたように、許可を求める表現の形に変えるほうが、より丁寧さが出せることになります。そこで登場するのが、Bの「帰らせてもらってもいいですか?」という形です。

「帰らせてもらってもいいですか?」は、「帰ってもいいですか?」という表現で言うこともできますが、**「帰ってもいいですか?」では明示的に表せない「相手からの恩恵を受けてありがたい」という気持ちが「〜てもらう」によって示されている点で、さらに丁寧な表現になっている**といえるわけです。「〜せる」は、「帰る」と「〜てもらう」をつないで「帰らせてもらう」という形を作るために用いられているといえるでしょう。

要するに、**「帰らせてもらってもいいですか?」というのは、究極の許可を求める表現だといえる**わけで、最も丁寧な表現であるということです。

ただし、何度も述べているように、この「〜てもらってもいいですか?」という表現に関する好き嫌いは別の問題です。また、表現は、丁寧だから常に良いということでもありません。その場面にふさわしい丁寧さを表すことがより重要な点になります。ここでは、あくまでも丁寧さのしくみを説明しているということです。

ポイント

・自分の行動について言うときも、依頼する(相手への働きかけをする)よりも許可を求める(自分の行動について相手の許しを得る)ほうが丁寧になる。

5 「帰ります。」と「帰らせてもらいます。」

――「ありがたい」という気持ちを表すかどうか

5

A　五時に帰ります。

B　五時に帰らせてもらいます。

Bは、Aにはない「～（さ）せてもらう」が加わっている点で、より丁寧になることは明らかです。この「～（さ）せてもらう」についても、好き嫌いの意見が分かれるところなのですが、まずはそうした意識を抜きにして考えていきましょう。

「帰る」のは自分の行動なので、Aの「帰ります。」のようにそのことをすっきりと表すと、それは「宣言」の表現となります。自分の行動は自分で決める、だれにも邪魔はさせないという態度での表現といったら言い過ぎでしょうか。なお、その点においては、Ｂも同様です。「帰らせてもらいます。」と言い切っているわけですから、やはり宣言の表現です。

ただし、Ｂは、その自分が「帰る」ということを、相手が「～（さ）せる」ことだと捉え、さらに、あなたがわたしを「帰らせる」ことは、わたしにとってありがたいことだと受け止めている、つまり、「～てもらう」を用いることで、自分が恩恵を受けるものとして表現しています。もちろん、これは、実際に表現している人の気持ちについて言っているわけではありません。そう思う人もいれば、思わない人もいるでしょう。あくまでも、この表現の形式がそうした意識を表し得るのだということです。

つまり、相手から恩恵を受けていることを示すほうが丁寧になるといえますが、それにＢは合致しているわけです。Ａは、ただ自分が帰るということを宣言しているだけなので、

Bのほうが丁寧だということは間違いないでしょう。

ただし、「〜（さ）せてもらう」という回りくどい言い方を好まない場合、状況によっては、「〜（さ）せてもらう」を用いずに宣言するほうがすっきりとした表現になります。

ポイント

・相手から恩恵を受けていることをはっきり示して、ありがたいという気持ちを表すほうが丁寧になる。

6 「取ってあげましょうか？」と「取りましょうか？」

——恩着せがましさがあるかどうか

6

A　それ、取ってあげましょうか？

B　それ、取りましょうか？

この表現で伝えたいことは、「私が、あなたのために（あなたに代わって）、それを取る、という行動をしようか？」ということです。要するに、「私がそれを取ろうか？」ということを申し出ている表現だということになります。

まず、AとBの形式上の違いですが、「～てあげる」があるかないかだけです。Aには、

「(取っ)てあげる」があり、Bには「取る」だけしかありません。

「〜てあげる」には、自分が相手に恩恵を与えるという意味があるため、「取ってあげる」と言うと、どうしてもそこに「恩着せがましさ」が表れてしまいます。

ここでの要点は、「あなたのために私が取る」という、その自分の行為をどのように相手に伝えたら、「恩着せがましくならないか」ということにあります。

そうすると、Aの「取ってあげましょうか?」は、「あなたのためにしてあげるんだよ、私は親切でしょう?」といったニュアンスを表してしまうので、そうした要素のないBの「取りましょうか?」のほうが丁寧になるといえるわけです。

要するに、「〜てあげる」という表現には、相手に恩恵を与えるという意味が含まれているので、できれば使わないほうがよい、ということになります。そんなつもりはなくても、「～てあげる」を使うと、結果としてそうしたニュアンスが伝わってしまうのです。

このように説明すると、「いや、むしろAのほうが、気持ちがこもっているので丁寧だ」といった意見も出てきそうです。そういった印象を持つことについて、私が否定することはできませんが、**「取ってあげましょうか？」よりも「取りましょうか？」のほうが「恩着せがましさ」がないという点でより丁寧である、**というのが、ここでの考え方となります。

ポイント

・相手に恩恵を与える表現（「～てあげる」など）を明示すると、恩着せがましさが出てしまうため、それを避けるほうが丁寧になる。

「取ってさしあげましょうか？」と「お取りしましょうか？」

⑥のA、Bそれぞれを敬語化した「それ、取ってさしあげましょうか？」「それ、お取りしましょうか？」という二つの表現で比較しても、同様のことが指摘できます。敬語化した分だけ、むしろ「敬語によらない丁寧さ」の違いが強調されるような感じがしませんか。「取ってさしあげましょうか？」と表現されると、かなり恩着せがましいように聞こえ、「お取りしましょうか？」では、それが感じられない、ということです。

さらに言えば、敬語はまったく用いていない表現、「それ、取ってやろうか？」と「それ、取ろうか？」でも同じ違いが現れます。

「取りましょうか?」と「取りますよ。」

「それ、取りましょうか?」(申し出をする表現)と「それ、取りますよ。」(宣言する表現)とでは、どちらが丁寧か(というよりも、どちらが親切な気持ちが表せるのかということになりますが)という問いかけをすると、ここまで述べてきたことにはやや反する結果が出るでしょう。

実際の場面、具体的な状況によっては、相手に尋ねること(相手に「決定権」を渡すこと)がいつも丁寧さにつながるわけではないことは明らかです。一々、相手にYES/NOを聞かないほうが丁寧、自分が行動することを決めてしまうほうがかえって丁寧になるということもあるわけで、それは丁寧さのしくみの問題というより、実際のコミュニケーション上の問題になるだろうと思います。

第I部のまとめ

以上、1から6まで、「敬語によらない丁寧さ」の観点から、Bの表現のほうがなぜ丁寧だといえるのかについて説明してきました。あなたの直観的な判断に対する説明になっていたでしょうか。

最後に、第I部で述べてきた「敬語によらない丁寧さ」のポイントをまとめておきます。

❖「決定権」は、自分が取ってしまうのではなく、相手に持たせるほうが丁寧になる。

❖相手に行動させるのではなく、自分が行動する（かのように表現する）ほうが丁寧になる。

❖依頼をする（相手への働きかけをする）よりも許可を求める（自分の行動について相手の許しを得る）ほうが丁寧になる。

❖相手から恩恵を受ける表現（「～てくれる」「～てもらう」など）を明示するほうが丁寧になる。

❖相手に恩恵を与える表現（「～てあげる」など）を明示すると、恩着せがましさが出てしまうため、それを避けるほうが丁寧になる。

第Ⅱ部

「丁寧さ」のしくみ

第Ⅰ部では、六つの問いを通して、「敬語によらない丁寧さ」について見てきました。

第Ⅱ部では、これまでに述べてきたことを、さらに体系的に整理しながら、考えていくことにしましょう。それらを知識・情報として学んでほしいということではなく、「敬語によらない丁寧さ」の基本を知ることで、実際のコミュニケーションの力を高めることにつなげてほしいということがねらいです。

1. 行動につながる表現

ここまで、「取ってもらえますか？」のように、相手に行動してもらおうとするための表現や、「帰らせてもらえますか？」のように自分が行動するための表現を見てきました。これらは、相手や自分の行動につながる表現だともいえますが、表現の仕方によっては、失礼な印象を与えてしまう可能性があります。

相手に失礼にならないようにするため、より丁寧な表現にするためにはどうすればよいでしょう。

このような、相手や自分の行動につながる表現における丁寧さについて、もう少し詳しく見ていくことにしましょう。

行動につながる表現には以下のようなものがあります。自分、相手どちらの行動につながるのかによって三つに分けて見てみましょう。

一つ目は、自分の行動につながるもの。具体的には、次のような表現が挙げられます。

(1)「今日は六時になったら帰ります。」
【宣言をする表現】(自分が帰る)

(2)「これ、使ってもいいですね。」
【確認をする表現】(自分が使う)

(3)「荷物を運ぶの、手伝いましょうか?」
【申し出をする表現】(自分が手伝う)

(4)「それ、食べてもいいですか?」
【許可を求める表現】(自分が食べる)

二つ目は、相手の行動につながるもの。
具体的には、次のような表現が挙げられます。

(5)「早めに薬を飲んだほうがいいですよ。」
【勧め・助言をする表現】（相手が飲む）

(6)「それ、こっちに持ってきてください。」
【指示・命令をする表現】（相手が持ってくる）

(7)「もう少しくわしく説明してくれますか?」
【依頼をする表現】（相手が説明する）

(8)「それ、使ってもいいですよ。」
【許可を与える表現】（相手が使う）

三つ目は、自分と相手、両者の行動につながるもの。
具体的には、次のような表現が挙げられます。

(9)「花火、一緒に見に行きませんか?」

【誘いをする表現】(自分と相手が見に行く)

2. 行動、決定権、利益・恩恵

相手や自分の行動につながる表現の丁寧さは、それぞれの表現のもつ構造と深い関係があります。表現の構造を考えるためには、次の三つの観点があります。

一つ目は、〈だれが行動するのか〉ということ。
↓「行動」という観点

二つ目は、その行動をするかどうかは〈だれが決めるのか〉ということ。
↓「決定権」という観点

三つ目は、その行動が実現したら〈だれがありがたいと思うのか〉ということ。
↓「利益・恩恵」という観点

先に挙げた例を用いて、確認していきましょう。

(1)「今日は六時になったら帰ります。」宣言をする表現

●行動…自分（＝帰る）
●決定権…自分（＝帰るかどうかを決める）
●利益・恩恵…自分（＝帰ることで利益・恩恵を受ける）

＊【宣言をする表現】とは、宣言することを意図とした表現、ということです。(2)〜(9)の表現についても、同様です。

＊「あなたのために」という前提での【宣言をする表現】の場合は、「利益・恩恵」が「相手」となります。たとえば、「一人では大変でしょうから、手伝ってあげます。」というような表現の場合です。

(2)「これ、使ってもいいですね。」確認をする表現

●行動……自分（＝使う）
●決定権……相手（＝使うかどうかを決める）
●利益・恩恵……自分（＝使うことで利益・恩恵を受ける）

＊【確認をする表現】は、「これ使ってもいいですね。」→「いいですよ。」という返事→自分が使う、というように展開していくための表現です。

(3)「荷物を運ぶの、手伝いましょうか？」申し出をする表現

●行動…自分（＝手伝う）
●決定権…相手（＝手伝うかどうかを決める）
●利益・恩恵…相手（＝手伝うことで利益・恩恵を受ける）

＊【申し出をする表現】は、基本的に相手のためを思って表現するものなので、「利益・恩恵」が「相手」にあるわけですが、第Ⅰ部の6（31ページ）で述べたように、そのことを強く表す（具体的には、「手伝ってあげる」という表現を使う）か、表さないようにするかといった点が丁寧さに関わることになります。

(4)「それ、食べてもいいですか?」許可を求める表現

●行動…自分(=食べる)
●決定権…相手(=食べるかどうかを決める)
●利益・恩恵…自分(=食べることで利益・恩恵を受ける)

*【許可を求める表現】は、基本的に、相手が許可を与える立場にいたり、役割があったりするという認識のもとで使うため、客観的には「決定権」が相手にあることは明らかだといえます。

*なお、「それ、食べてもいいんですか?」という表現は、【許可を求める表現】のように見えますが、これは「食べる」のが可能な状況かどうかを相手に確認する表現です。つまり、質問をしているのであって、許可を求めているわけではないということです。

(5)「早めに薬を飲んだほうがいいですよ。」勧め・助言をする表現

●行動…相手(=薬を飲む)
●決定権…相手(=薬を飲むかどうかを決める)
●利益・恩恵…相手(=薬を飲むことで利益・恩恵を受ける)

＊【勧め・助言をする表現】は、立場が上であったり、そのような役割を担っていたりするという認識に基づく表現です。ただし、「行動」も「決定権」も「利益・恩恵」もすべてが「相手」になるので、よけいなお世話、親切の押し売りなどになるおそれもあるといえます。なお、忠告する表現も【勧め・助言をする表現】と同様の構造を持っていると考えられます。ただし、話す人が自分の立場や役割をどのように認識しているかによって、表現の意図も少しずつ異なるといえるでしょう。

(6)「それ、こっちに持ってきてください。」指示・命令をする表現

●行動…相手〔＝持ってくる〕
●決定権…自分〔＝持ってくるかどうか決める〕
●利益・恩恵…自分（あるいは相手）〔＝持ってくることで利益・恩恵を受ける〕

＊「持ってきてください」は、指示をする表現、「持ってきなさい」は、命令をする表現です。命令の表現の「決定権」が自分にあることは明らかですが、「〜てください」を用いた表現では「決定権」は相手にある、と考える人がいるかもしれません。しかし、指示・命令をする意図を持った表現である場合には、話し手は、「決定権」は自分にあると認識している、と捉えます。「自分」は指示・命令ができる立場にある者だというように認識している、と言い換えてもよいかもしれません。

＊「利益・恩恵」は、基本的には「自分」にあると捉えますが、「あなたのために」という前提で指示・命令するときには（たとえば、「しっかり勉強してください（勉強しなさい）。」など）、「相手」にあるといえるでしょう。

(7)「もう少しくわしく説明してくれますか?」依頼をする表現

●行動…相手(=説明する)
●決定権…相手(=説明するかどうかを決める)
●利益・恩恵…自分(=説明することで利益・恩恵を受ける)

*この例文だと、「決定権」は自分にある、と考える人がいるかもしれません。しかし、依頼をする意図を持った表現では、話し手は、「決定権」は相手にあると認識している、と捉えます。あくまでも、説明することを相手が実行してくれるようお願いしているわけです。

(8)「それ、使ってもいいですよ。」許可を与える表現

●行動…相手(=使う)
●決定権…自分(=使うかどうかを決める)
●利益・恩恵…相手(=使うことで利益・恩恵を受ける)

＊【許可を与える表現】は、(4)の【許可を求める表現】と逆の表現となります。したがって、自分は許可を与える立場にあるという認識があり、「決定権」は明らかに自分にあるということになります。ただし、その認識を実際にどのように表現するかは、丁寧さと関係してきます。

(9)「花火、一緒に見に行きませんか?」　誘いをする表現

●行動…自分と相手〈=見に行く〉
●決定権…相手〈=見に行くことを決める〉
●利益・恩恵…自分と相手〈=見に行くことで利益・恩恵を受ける〉

*【誘いをする表現】の「利益・恩恵」は相手にはないのではないか、と考える人がいるかもしれません。しかし、事実がどうであるかとは別に、誘いの意図を持った表現の場合、話し手は「利益・恩恵」が自分と相手の両者にあると認識している、と捉えます。

3. 丁寧さを決めるもの

以上を踏まえた上で、(1)~(9)の「行動につながる表現」において丁寧さが何によって決まるのか、詳しく見ていくことにします。

これまで述べてきた三つの観点から整理すると、

- ●行動…相手に行動させるのではなく、自分が行動するほうが丁寧
- ●決定権…自分が取ってしまうのではなく、相手に譲るほうが丁寧
- ●利益・恩恵…行動が実現したら相手は助かるだろう、ありがたいだろうとするので

はなく、自分にとって助かる、ありがたいとするほうが丁寧となります。

そして、基本的には、

「行動」＝自分
「決定権」＝相手
「利益・恩恵」＝自分

という構造を持つ表現が、最も丁寧な表現になるといえるわけです。

表現	行動	決定権	利益・恩恵	例文
(1)宣言	★自分	自分	★自分	今日は六時になったら帰ります。
(2)確認	★自分	★相手	★自分	これ、使ってもいいですね。
(3)申し出	★自分	★相手	相手	荷物を運ぶの、手伝いましょうか？
(4)許可を求める	★自分	★相手	★自分	それ、食べてもいいですか？
(5)勧め・助言	相手	★相手	相手	早めに薬を飲んだほうがいいですよ。
(6)指示・命令	相手	自分	★自分か相手	それ、こっちに持ってきてください。
(7)依頼	相手	★相手	★自分	もう少しくわしく説明してくれますか？
(8)許可を与える	相手	自分	相手	それ、使ってもいいですよ。
(9)誘い	★自分と相手	★相手	★自分と相手	花火、一緒に見に行きませんか？

行動、決定権、利益・恩恵では、自分と相手のうち、より丁寧になるほうに★をつけました。

この構造を持っている表現は、これまで確認してきたことからも明らかなように、【許可を求める表現】(4)の「それ、食べてもいいですか?」など)です。つまり、【許可を求める表現】が、「行動につながる表現」の中では、最も丁寧な表現になるということになります。表現の典型的な形式としては、「〜てもいいですか?」を文末に持つ表現ということです。

そして、これを逆に見ると、

「行動」=相手
「決定権」=自分
「利益・恩恵」=相手
という構造を持つ表現が、最も丁寧さから遠い表現になる

ということです。この構造を持つ表現は、【許可を求める表現】の反対となる【許可を与える表現】(8)の「それ、使ってもいいですよ。」など)です。つまり、【許可を与える表現】が、ここで述べてきた丁寧さとは合わない、「行動につながる表現」の中では丁寧さから最も遠い表現であるといえるわけです。

また、相手に利益がある場合の【指示・命令をする表現】も、行動＝相手、決定権＝自分、利益・恩恵＝相手、という丁寧さから最も遠い構造を持つ表現となります。先に挙げた、「しっかり勉強しなさい。」といった表現です。

これは、たとえば、親からの子供に対する表現である場合、子供のためを思って表現している(君の将来を思って言っている)のだからむしろ丁寧な表現なのではないのか、と感じるかもしれません。しかし、ここで述べているのは、そういった気持ちのことではなく、上(の立場)から下(の者)への表現をしている(ちょっと偉そうに言っている)という点で丁寧さからは遠くなる、ということなのです。

【許可を与える表現】をするのも、事実としては親切であったり、相手への理解があったりする場合もあるのでしょうが、【指示・命令をする表現】と同様に、許可を与えることができる「上からの立場」で表現している、という点において、丁寧さから遠くなるということです。

そのように見ていくと、ここでの「丁寧さ」というのは、基本的に、社会において平等であるべき人と人との関係を維持するための表現上の丁寧さだ、ということもできるでしょう。その意味において、**自分の行動ではあるけれども、それに関わる相手の意思も尊重し、その行動が実現したらありがたいことだ、と捉える【許可を求める表現】は丁寧な表現になる**のです。一方、**相手の行動について、自分が許しを与える、あるいは、決めてあげる、というような【許可を与える表現】や【指示・命令をする表現】は、そうした意味での丁寧さからは遠くなる**ということなのです。

以上が、「行動につながる表現」における「敬語によらない丁寧さ」の基本的な考え方になります。

4.「敬語によらない丁寧さ」の持つ意味

ここで述べてきた「敬語によらない丁寧さ」は、日本語だけに見られるものではなく、ある程度普遍性のあるものだと考えられます。

たとえば、

・相手を動かし、自分は動かないこと（行動＝相手）
・自分が一人で決めて、相手の意思を無視すること（決定権＝自分）
・自分が相手に恩恵を与えていることを強調し、相手から受けた恩恵を示さないこと（利益・恩恵＝相手）

などは、尊大さや失礼な態度を表しこそすれ、「丁寧さ」を表すものになることはあり得ないでしょう。

これらとは逆に、

・相手を動かすのではなく、自分から動くこと（行動＝自分）

・相手の意思を尊重し、自分一人で決めつけないこと（決定権＝相手）

・自分が与えた恩恵は示さず、他者から受けた恩恵を強調すること（利益・恩恵＝自分）

などが、他者を尊重し、謙虚な態度であるという意味で、「丁寧さ」を表すものであることの普遍性は高いのではないでしょうか。

ただし、実際の場面においては、様々な条件が加わることになるので、必ずしもこのような原則通りの丁寧さだけで、すべての態度や表現が丁寧になるというわけではありません。相手に配慮するからこそ、相手に決定権を与えて考えさせるのではなく、自分が決めてしまうことが丁寧さを表すことになる場合もあるでしょう。

さらに言えば、「丁寧さ」という観点を離れて考えたときには、自分だけが動くのではなく、相手にも動いてもらうことが重要な場合もあるでしょうし、自分が責任を取るために「決定権」を自分で持つことが好ましい態度である場合や、それが適切になる状況もあるでしょう。また、「利益・恩恵」を自分が受けてありがたいということを表すのが丁寧である、ということと、実際に「利益・恩恵」を相手に与えるように行動することが好ましいということとは、まったく別の問題です。そうした現実の問題と丁寧さの原則とを混同すると、ここで述べてきた「丁寧さ」の意味が見えなくなってしまうため、留意する必要があると思います。

日本語は、「場面」によって表現を使い分けるという原理に基づいている言語です。ただし、これは日本語だけではなく、おそらくはすべての言語において、程度の違いはあれ働いている原理であって、日本語（や韓国語などいくつかの言語）においては、それが、敬語などの専用の言語形式の使い分けにおいて顕著に現れているということなのです。

一方、この本で述べている「敬語によらない丁寧さ」は、相手によって使い分けるというものではありません。したがって、立場が下の人から上の人にも、上の人から下の人に対しても、同位者同士であっても、このような丁寧さが求められるということです。つまり、上下の意識による配慮ではなく、他者との関係をよりよくするための一つの配慮だといえるわけです。

第Ⅱ部のまとめ

「行動につながる表現」における「敬語によらない丁寧さ」は、**行動、決定権、利益・恩恵**という三つの観点から整理することができます。

❖**《行動=自分》のほうが、《行動=相手》よりも丁寧**

・行動…相手に行動させるのではなく、自分が行動する（かのように表現する）ほうが丁寧になる。

❖**《決定権=相手》のほうが、《決定権=自分》よりも丁寧**

・決定権…決定権を自分が取ってしまうのではなく、相手に持たせ、与える表現を明示するほうが、相手に決定権を渡さず、自分が決めつけてしまう表現よりも丁寧になる。

❖《利益・恩恵＝自分》のほうが、《利益・恩恵＝相手》よりも丁寧

・利益・恩恵…相手に恩恵を与える表現（「〜てあげる」など）を明示すると、恩着せがましさが出てしまうため、それを避けるほうが丁寧になる。また、相手から恩恵を受ける表現（「〜てくれる」「〜てもらう」など）を明示するほうが丁寧になる。

したがって、

＊最も丁寧なのは、

行動＝自分

決定権＝相手

利益・恩恵＝自分
という構造を持つ表現。
（「行動につながる表現」の中では、【許可を求める表現】が最も丁寧な表現となる。）

＊最も丁寧さから遠いのは、
行動＝相手
決定権＝自分
利益・恩恵＝相手
という構造を持つ表現。
（「行動につながる表現」の中では、【許可を与える表現】、【指示・命令をする表現】が最も丁寧さから遠い表現となる。）

第Ⅲ部

「丁寧さ」を伝える表現の工夫

ここまでは、基本的な点を押さえたので、次に、第Ⅰ部の[1]～[6]、第Ⅱ部の(1)～(9)の表現を例にしながら、表現上の工夫としてこれらの基本がどのように活きているのかについて考えていきましょう。

具体的な検討を始める前に、これから用いる「あたかも表現」という考え方について説明しておきます。

1. あたかも表現

先にも述べたように、現実の場面では、その表現の表面的な意図とその奥にある意図とが異なる場合も多くあります。たとえば、通常、上司が部下に対して「これ、コピーしてもらえますか?」という表現をした場合、表面的な意図は依頼、つまり、「決定権」は相手にある表現だということになるわけですが、部下からすれば、それは依頼ではなく、「決定権」が上司にある、指示あるいは命令の表現だと受け止めるでしょう。特別な理由がない限り、NOとは言えないからです。とすると、「これ、コピーしてもらえますか?」という表現は、**表面的な意図は「依頼」だが、その奥にある意図は「指示・命令」だ**、ということになります。

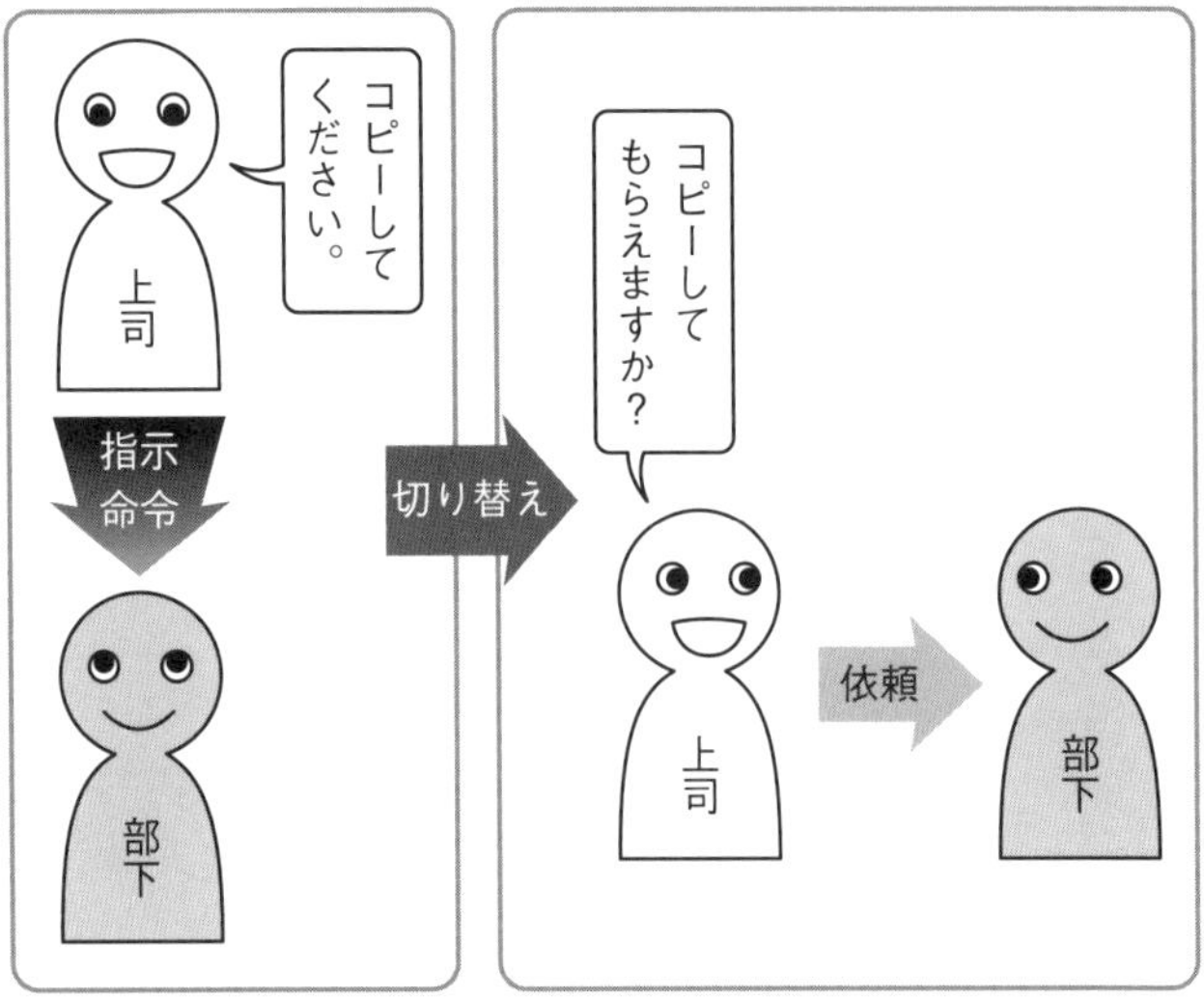

本来の意図とは異なる意図を持つ表現に切り替えた、というと、どこか人を欺くような嫌な印象を与えるかもしれませんが（もちろん現実にはそういう場合があるとしても）、ここでのねらいは、そうした表現上の工夫の根底には「丁寧さ」との関係があるのだ、という点を示すところにあります。

この場合であれば、上司は、立場上、指示・命令する「決定権」を持っているけれども、それをそのまま表現するのではなく、**あたかもお願いするかのような表現に変える**ことで、部下に対する配慮を示したといえるわけです。このような表現上の工夫について、「あたかも〇〇を意図とする表現にしている」という意味で、**「あたかも表現」**と呼んでいます。この例であれば、「あたかも依頼するかのような表現」ということになります。

2. 表現の工夫(1)

それではまず、第Ⅱ部で確認した(1)～(9)の表現について、それぞれの表現上の工夫を考えていくことにしましょう。

(1)「今日は六時になったら帰ります。」宣言をする表現

行動＝自分、決定権＝自分、利益・恩恵＝自分

決定権は自分にあるより相手にあるほうが丁寧になるので、より丁寧な表現にするためには、決定権を相手に変えて、「今日は六時になったら帰ってもいいですね。」という【確認をする表現】（行動＝自分、決定権＝相手、利益・恩恵＝自分）にするのがよいでしょう。さらに配慮するのであれば、「今日は六時になったら帰ってもいいですか？」という【許可を求める表現】（行動＝自分、決定権＝相手、利益・恩恵＝自分）にすればよいわけです。

実際には、「今日は六時で失礼しますが、いいですか？」など様々な表現がありますが、根底にある意識としては、自分が決定権を持って宣言をするのではなく、決定権を相手に与えるという点で共通しているのだといえます。

決定権を持っている相手は、立場的な上位者であることが多いため、そこでは適切な敬語を用いて表現する必要があるでしょう。その場合には、「今日は六時で失礼しますが、いいですか？」ではなく、「今日は六時で失礼いたしますが、よろしいでしょうか？」などとなるわけです。

◆【宣言をする表現】を使ったほかの例

「五時に帰らせてもらいます。」

「明日までに送ります。」

「窓を開けます。」

ポイント

・【宣言をする表現】は、「決定権」を自分から相手に切り替えることで丁寧になる。

(2)「これ、使ってもいいですね。」確認をする表現

行動＝自分、決定権＝相手、利益・恩恵＝自分

この表現は、【許可を求める表現】（行動＝自分、決定権＝相手、利益・恩恵＝自分）と同様の構造を持っているため、その意味では、丁寧な表現となります。両者を比較すると、【確認をする表現】のほうが相手の決定権への認識が軽くなるので、相手に対してより配慮するのなら、【許可を求める表現】にしたほうがよいといえるでしょう。「これ、使ってもいいですね。」→「これ、使ってもいいですか？」ということです。

「窓を開けます。」【宣言をする表現】（決定権＝自分）

↓

「窓を開けてもいいですね。」【確認をする表現】（決定権＝相手、「窓を開けます。」の決定権を相手に変えることで、あたかも確認をするかのような表現となる）

↓

「窓を開けてもいいですか?」【許可を求める表現】

という段階があるわけです。

◆【確認をする表現】を使ったほかの例

「これ、もらってもいいですね。」

「窓を閉めてもいいですね。」

ポイント

・【確認をする表現】は、【許可を求める表現】に切り替えることでより丁寧になる。【宣言をする表現】の「あたかも表現」としても用いる。

(3)「荷物を運ぶの、手伝いましょうか？」申し出をする表現

行動＝自分、決定権＝相手、利益・恩恵＝相手

【申し出をする表現】は、基本的には親切な表現になるのですが、事実として、利益・恩恵は相手が受けることになるので、その点を明示しないことが大切になるでしょう。第I部の6（31ページ）で扱ったことですが、「手伝ってあげましょうか？」にすると、恩着せがましくなるので、「手伝いましょうか？」のほうが丁寧になるということです。

先にも述べましたが、親しい関係であまり表現上の配慮をする必要性を感じなければ、「荷物を運ぶの、手伝ってあげましょうか？」「荷物を運ぶの、手伝ってやろうか？」などと、相手に利益・恩恵を与えることを明示した表現でも、問題ありません。さらに、相手に尋ねるまでもないという関係であれば、「荷物を運ぶの、手伝います。」「荷物を運ぶの、手伝ってあげますよ。」などと、【宣言をする表現】（行動＝自分、決定権＝自分、利

益・恩恵＝この場合は相手）を使ってもよいでしょう。

◆【申し出をする表現】を使ったほかの例

「それ、取ってあげましょうか？」

「わたしのほうで確認しましょうか？」

「窓を開けましょうか？」

ポイント

・【申し出をする表現】は、「利益・恩恵」が相手にあることを明示しないほうが丁寧になる。ただし、状況によっては、【宣言をする表現】に変えることで、かえって丁寧さにつながる場合もある。

(4)「それ、食べてもいいですか?」許可を求める表現

行動＝自分、決定権＝相手、利益・恩恵＝自分

【許可を求める表現】は、基本的に最も丁寧な表現となります。実際の表現としては、「〜てもいいですか?」だけではなく、「いいですか?」「〜たいんですけど、いいですか?」などのように、行動が自分、決定権が相手、利益・恩恵が自分という構造が生きていれば、どのような形になっても、それは許可求める表現なのだということは伝わります。

なお、相手が大きな荷物を持って困っているような場合にも、近づいて「手伝ってもいいですか?」と表現すれば丁寧だ、というわけではありません。状況に応じて、「手伝いましょうか?」という【申し出をする表現】(行動＝自分、決定権＝相手、利益・恩恵＝相手)に、さらには、相手の決定権を尊重する必要がない状況では、「手伝いましょう。」「手伝います。」と【宣言をする表現】(行動＝自分、決定権＝自分、利益・恩恵＝この場

合は相手）に変えていく工夫も必要になるでしょう。

◆**【許可を求める表現】を使ったほかの例**

「窓を開けてもいいですか？」

「修正をお願いしてもいいですか？」

「五時に帰らせてもらってもいいですか？」

ポイント

・【許可を求める表現】は、基本的に最も丁寧な表現になるので、【宣言をする表現】や【確認をする表現】などの「あたかも表現」として用いられる。

(5)「早めに薬を飲んだほうがいいですよ。」勧め・助言をする表現

行動＝相手、決定権＝相手、利益・恩恵＝相手

先に述べたように、この表現は、行動、決定権、利益・恩恵のすべてが相手に関わるものなので、余計な表現になってしまうおそれがあります。したがって、相手が勧めや助言を求めてきた場合、あるいはそう言うことが本当に親切である場合などに、効果的な表現になるといえるでしょう。

実際の表現としては、「早めに薬を飲んだほうがいいと思いますけど…。」などのような表現に切り替えることで、上の立場からの忠告のようになる言い方を回避することができます。

◆【勧め・助言をする表現】を使ったほかの例

「休んだほうがいいですよ。」

「あんまり無理しないほうがいいですよ。」

「窓を開けたほうがいいですよ。」

ポイント

・【勧め・助言をする表現】は、余計なお世話にならないために、相手が勧めや助言を望んでいるかどうかを確認するほうが丁寧になる。その際、上の立場からの忠告のようになることもあるので気をつける。

(6)「それ、こっちに持ってきてください。」指示・命令をする表現

行動＝相手、決定権＝自分、利益・恩恵＝自分（あるいは相手）

この表現は、相手の行動に関する決定権を自分が取っている点で、丁寧さからは遠い表現となります。

したがって、第I部で説明したように、決定権を相手に渡す「持ってきてくれますか?」に変えることで、丁寧さにつなぐことができるでしょう。そして、それを「持ってきてもらえますか?」とすることで、行動＝自分に変換し、さらに丁寧に言うことができるようになるわけです。

つまり、

「後ろに下がりなさい。」【命令をする表現】（決定権＝自分）

↓

「後ろに下がってください。」【指示をする表現】（決定権＝自分）

↓

「後ろに下がってくれますか？」「後ろに下がってもらえますか？」【依頼をする表現】（決定権＝相手）

↓

「後ろに下がってもらってもいいですか？」【あたかも許可を求めるような表現】（決定権＝相手）

の順に、ここで述べてきた丁寧さの程度は上がっていくと考えられます。

ただし、実際の場面において、どの表現を用いるべきかは、その時々の人間関係や状況を考えながら、ということになります。緊急の場合であれば、「下がりなさい。」と命令し、指示をする余裕があれば、「下がってください。」、お願いする気持ちを出す場合には、「下がってもらえますか？」などとなるわけです。

◆【指示・命令をする表現】を使ったほかの例

「それ取ってください。」

「たくさん食べて。」

「窓を開けてください。」

ポイント

・【指示・命令をする表現】は、「決定権」を相手に切り替えて、【依頼をする表現】、さらに【許可を求める表現】のようにすると丁寧になる。

(7)「もう少しくわしく説明してくれますか？」依頼をする表現

行動＝相手、決定権＝相手、利益・恩恵＝自分

【依頼をする表現】は、決定権＝相手、利益・恩恵＝自分という構造を持つため、基本的には丁寧な表現になります。丁寧さのしくみから外れるのは、行動＝相手であるという点だけです。しかし、自分のために相手に動いてもらうということは、事実としては変えようがありません。そこで生まれたのが、行動＝相手の「説明してくれますか？」を、行動＝自分に切り替えた「説明してもらえますか？」という表現です。

「（～て）くれる」（「（～て）くださる」、「お・ご～くださる」なども同様）よりも、**「（～て）もらう」**（「（～て）いただく」、「（～て）いただける」、「お・ご～いただく」、「お・ご～いただける」なども同様）のほうが丁寧になる、という最大の理由は、相手に行動させるより、自分が行動するほうが丁寧だ、という点にあるわけです。

◆【依頼をする表現】を使ったほかの例

「それ、取ってくれますか？」

「少し、時間もらえますか？」

「窓を開けてくれますか？」

ポイント

・【依頼をする表現】は、「行動」を自分に切り替えるために「（〜て）くれる」ではなく「（〜て）もらう」を用いるほうが丁寧になる。

「説明してくれる」

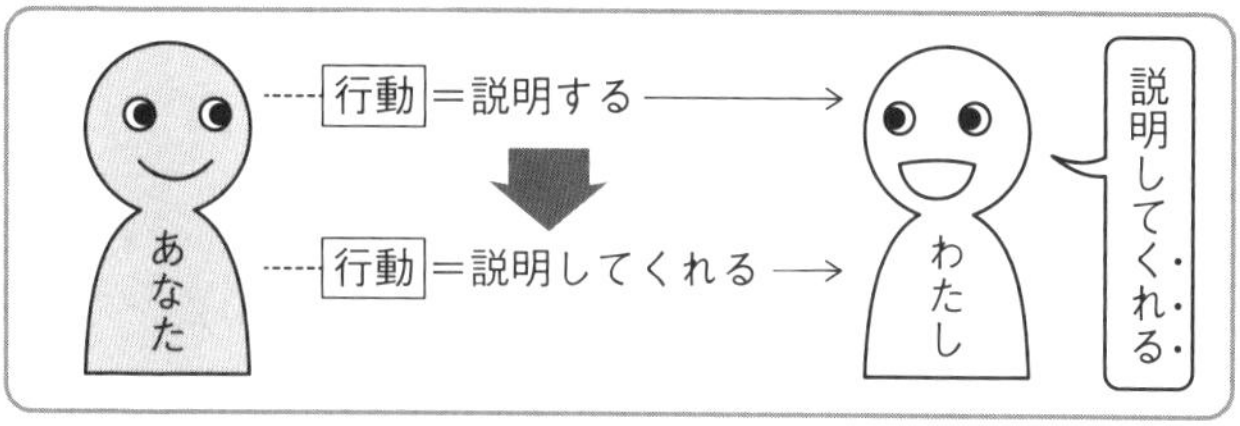

「説明してもらう」

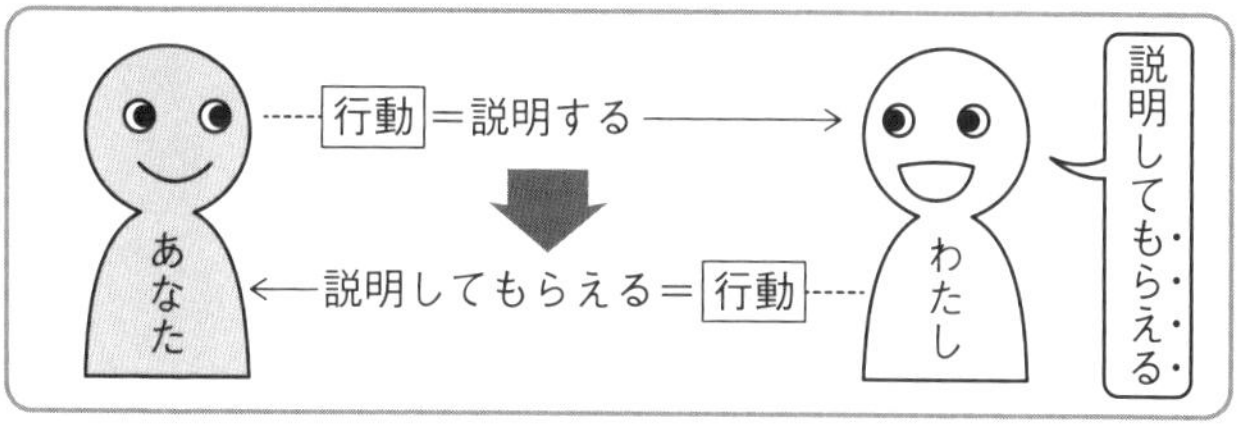

(8)「それ、使ってもいいですよ。」許可を与える表現

行動＝相手、決定権＝自分、利益・恩恵＝相手

【許可を与える表現】は、行動、決定権、利益・恩恵のすべての点で丁寧さからは遠くなります。そのため、表現上の工夫としては、たとえば、「あ、どうぞ（使ってください）。」のように、相手の行動を促す表現に言い換えることもあるでしょう。

【許可を与える表現】は「丁寧さ」から遠い表現だ、だから使ってはいけない、などということが言いたいわけではありません。決定権を自分が持っているということ、自分がその立場にあることを認識した上で、どう表現すればよいのかを考えることが大切なのです。その意味では、こうした表現の工夫を考える必要があるのは、むしろ立場が上の人、たとえば、先輩、上司、教師、医師、監督、コーチなどといった人たちだといえるでしょう。

◆【許可を与える表現】を使ったほかの例

「いつ来てもいいですよ。」

「そろそろ動かしてもいいですよ。」

「窓を開けてもいいですよ。」

ポイント

・【許可を与える表現】は、「決定権」が自分にあることを強調しないほうが丁寧になる。

(9)「花火、一緒に見に行きませんか?」誘いをする表現

行動＝自分と相手、決定権＝相手、利益・恩恵＝自分と相手

先に触れたように、誘いの意図を持った表現である場合には、話し手は、利益・恩恵が自分と相手の両者にあると認識しています。しかし、そのことが、誘われた相手にとっては、丁寧さには受け止められないおそれが生じる点（「なぜ、私に利益・恩恵があるのだろう?」と思われてしまう可能性がある点）には留意する必要があるでしょう。ここまで見てきたことにしたがえば、相手に利益・恩恵があることを表明しないほうが丁寧になるからです。もちろん、現実の状況を踏まえて【誘いをする表現】を使えばよいということではありますが、「場面」によっては、【誘いをする表現】ではなく、「一緒に行ってくれませんか?」といった【依頼をする表現】（行動＝相手、決定権＝相手、利益・恩恵＝自分）にすることで、利益・恩恵が自分だけにあると認識していることが表せます。

◆【誘いをする表現】を使ったほかの例

「昼ごはん食べに行きませんか？」
「勉強会をしませんか？」

ポイント

・利益・恩恵が自分と相手にある【誘いをする表現】は、状況によっては、「利益・恩恵」が自分だけにあり、相手にあることを明示しない【依頼をする表現】に変えると丁寧になる。

3. 表現の工夫(2)

それでは、再び、第Ⅰ部で検討した課題について、表現上の工夫という観点から改めて検討していくことにしましょう。A、Bのうち、より丁寧な表現のほうに✦をつけてあります。

1 A それ、取ってください。
（行動＝相手、決定権＝自分、利益・恩恵＝自分）
✦B それ、取ってくれますか？
（行動＝相手、決定権＝相手、利益・恩恵＝自分）

Aは【指示・命令をする表現】、Bは【依頼をする表現】です。

Bのほうが丁寧になるのは、決定権が自分にある【指示・命令をする表現】よりも、決定権が相手にある【依頼をする表現】のほうが丁寧だ、という基本によって説明できます。

また、Bは、【指示・命令をする表現】であるAを、「あたかも依頼をするかのような表現」として言い換えているということもできます。

「コピーを取りなさい。」「コピーを取ってください。」ではなく、「コピーを取ってくれますか？」のほうが丁寧になるといえるわけです。

2

A　それ、取ってくれますか？
（行動＝相手、決定権＝相手、利益・恩恵＝自分）

✦B　それ、取ってもらえますか？
（行動＝相手［取る］→自分［取ってもらう］、決定権＝相手、利益・恩恵＝自分）

これは、どちらも【依頼をする表現】なのですが、第Ⅰ部2（15ページ）で、行動＝自分であるかのようにしているBの「取ってもらえますか？」のほうが、より丁寧になるというように説明しました。このことは小さな違いのようでありながら、実は本質的な違いがあると述べたのは、行動、決定権、利益・恩恵という構造からみたとき、事実としては、「行動＝取る＝相手」であっても、それを「行動＝取ってもらえる＝自分」として捉えることが丁寧さと関わってくるからです。「〜てもらう」「〜てもらえる」の持つ一つの特徴は、言葉の上で、行動＝相手を、行動＝自分に切り替えるところにあるわけです。

「取ってくれますか？」

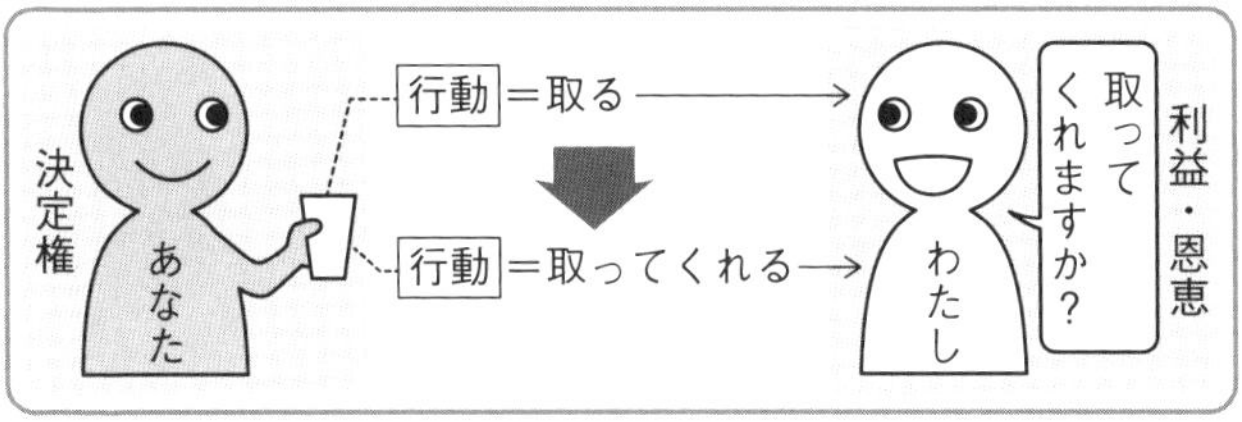

「取ってもらえますか？」

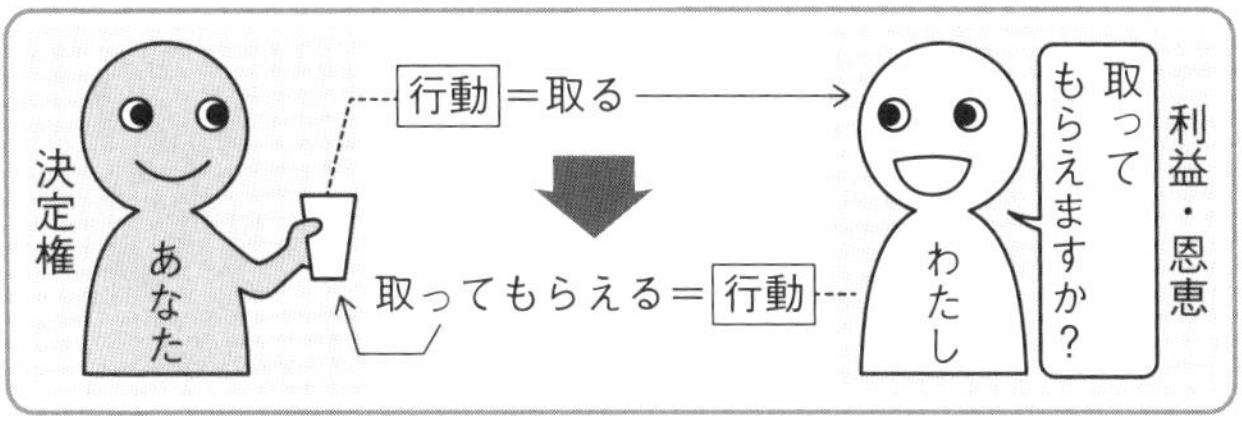

実際に行動するのは相手ですが、あたかも自分が行動するかのように表現している、と考えれば、BはAの「あたかも表現」だとも言えるでしょう。

もちろん、これはあくまでも表現のしくみ上のことであって、実際の表現でそのようなことを一々意識しているわけではないでしょう。ただし、実際の表現としても、先にも述べたように、「〜てもらう」「〜てもらえる」、その敬語形としての「〜ていただく」「〜ていただける」「お・ご〜いただく」「お・ご〜いただける」が多用されているので、そうした原理が働いていると考えられるのです。

3

A　それ、取ってもらえますか？
（行動＝相手［取る］→自分［取ってもらえる］、
決定権＝相手、利益・恩恵＝自分）

✦B　それ、取ってもらってもいいですか？
（行動＝相手［取る］→自分［取ってもらう］、
決定権＝相手、利益・恩恵＝自分）

これまで述べてきた基本に即して整理してみましょう。
Aの「取ってもらえますか？」は、【依頼をする表現】であり、

行動＝取る＝相手
決定権＝相手
利益・恩恵＝自分

という構造を持つものです。ただし、

行動＝取ってもらえる＝自分

というように、「〜てもらえる」によって、行動＝自分に切り替えています。つまり、「取ってもらえますか？」は、あたかも自分が行動するかのように表現することによって、【依頼をする表現】でありながら、

行動＝自分
決定権＝相手
利益・恩恵＝自分

という構造を持つ、最も丁寧な表現となっているのです。

Bの「取ってもらってもいいですか？」は、「～てもいいですか？」という文末と、

行動＝取ってもらう＝自分
決定権＝相手
利益・恩恵＝自分

という構造から、【許可を求める表現】で、こちらも最も丁寧な表現であると言えます。

しかしながら、実際は、「取る」という行動をするのは相手であり、ＢもＡと同様に相手に取ってもらうことを意図としています。つまり、Ｂの表現は、表面上は【許可を求める表現】だけれども、事実としては【依頼をする表現】であるということなのです。

このように複雑で、回りくどい表現である「取ってもらってもいいですか？」がなぜ用いられているのでしょうか。

それを解く鍵は、そこに「丁寧さの基本」が働いているからだということになると思います。これに関しては、繰り返しになりますが、次のように考えていきます。

【依頼をする表現】というのは、行動＝相手である点で、相手に行動させるのではなく、自分が行動する（かのように）表現する方が丁寧になるという基本に反するものです。そこを補うために、「取ってくれますか？」ではなく、行動＝自分に切り替えた「取ってもらえますか？」が使われているわけですが、「取ってもらえますか？」も、【依頼をする表現】としての形式をまだ色濃く残すものです。そこで、「～てもいいですか？」という、【許可を求める表現】の形式を用いることで、「あたかも許可を求めているかのような」形の【依頼をする表現】を用いるようになった、それが「取ってもらってもいいですか？」という表現だ、ということです。

これは、

行動＝相手　→　行動＝自分
決定権＝自分　→　決定権＝相手
利益・恩恵＝相手　→　利益・恩恵＝自分

のように切り替えていく（あるいはそれを明示する）ことによって、「行動につながる表現」における最も丁寧な構造である、

行動＝自分
決定権＝相手
利益・恩恵＝自分

に近づけようとする、つまり、より丁寧にしようとする工夫だといえるわけです。

4

A　五時に帰らせてもらえますか？
（行動＝自分［帰る］→相手［帰らせる］→自分［帰らせてもらえる］、
決定権＝相手、利益・恩恵＝自分）

✦B　五時に帰らせてもらってもいいですか？
（行動＝自分［帰る］→相手［帰らせる］→自分［帰らせてもらう］、
決定権＝相手、利益・恩恵＝自分）

3（100ページ）のつづきとして考えていきましょう。

Aの「帰らせてもらえますか？」は、【依頼をする表現】で、

行動＝帰る＝自分

決定権＝相手

利益・恩恵＝自分

という構造を持っています。ただし、行動については、

行動＝帰らせる＝相手

と切り替え、さらに、

行動＝帰らせてもらえる＝自分

と切り替えることで、【依頼をする表現】ながら、最も丁寧な構造を持つ表現になっています。

ただし、実際には、「帰る」のは自分であるため、「帰ってもいいですか？」などの【許可を求める表現】に言い換えることで、より実態に近い表現にすることができると言えま

す。

そして、「帰ってもいいですか？」の利益・恩恵が自分にあることを明示しようとした表現が、Ｂの「帰らせてもらってもいいですか？」です。

3で扱った、「取ってもらってもいいですか？」と比較しながら説明すると次のようになります。

「取ってもらってもいいですか？」

・行動＝相手〔取る〕→自分〔取ってもらう〕

・本来は、相手が取ることを依頼する表現

・それを、あたかも自分がとってもらうことの許可を求めるかのように言い換えた表現

「帰らせてもらってもいいですか？」

・行動＝自分〔帰る〕→相手〔帰らせる〕→自分〔帰らせてもらう〕

・本来は、自分が帰ることの許可を求める表現
・それを、相手が自分を帰らせることに切り替えた上で、さらに、あたかも自分が帰らせてもらうことの許可を求めるかのように言い換えた表現

どちらも許可を求めている表現なのですが、Bの「帰らせてもらってもいいですか?」は、あたかも許可を求めるかのような依頼表現ではなく、許可を求める表現そのものであるということです。

5

A　**五時に帰ります。**

（行動＝自分、決定権＝自分、利益・恩恵＝自分）

✦B　**五時に帰らせてもらいます。**

（行動＝自分〔帰る〕→相手〔帰らせる〕→自分〔帰らせてもらう〕、決定権＝自分、利益・恩恵＝自分）

どちらも**【宣言をする表現】**で、決定権＝自分となります。決定権は自分が持つより、相手に持たせるほうが丁寧になるので、「丁寧さの基本」に即して考えると、決定権を相手に（あるかのように）切り替えることで丁寧さにつながります。

Aは、「五時に帰ってもいいですね。」のような**【あたかも確認するかのような表現】**、「五時に帰ってもいいですか？」などの**【あたかも許可を求めるかのような表現】**にすることで、決定権＝相手に変えることができ、その意味でより丁寧な表現になるといえます。

Bは、4（105ページ）のAのような「五時に帰らせてもらえますか？」などの【あたかも依頼をするかのような表現】にすることで丁寧になるといえるでしょう。ただし、Bは、実際には「帰る」のは自分であるため、「帰ってもいいですか？」「帰らせてもらってもいいですか？」などの【許可を求める表現】に変えていくことで、より実態に近い「あたかも表現」にすることができるわけです。

ここでのAとBとの表現上の違いに着目すると、最も大きな点は、自分が受ける利益・恩恵を表すかどうか、ということにあります。Aには、利益・恩恵が自分にあることはまったく示されていませんが、Bは、「～（さ）せてもらう」を用いることで、その点を明示的に表しているということです。

「～（さ）せてもらう」については、特に「～（さ）せていただく」といった敬語の形に関していろいろな意見があります。回りくどい表現だ、わざとらしくなる、といった批判的な意見もあるようですが、実際にはかなり多く用いられていることは間違いないでしょう。

「〜（さ）せてもらう」を使うときには、次の要素を満たしているかどうかということが要点となります。

(1)「自分」がすることを、
(2)「決定権」を持つ人の許可をもらって行い、
(3)そこに「ありがたい」という気持ちがある。

実際にこれらの要素がある場合には、「〜（さ）せてもらう」を使うことで表現上の効果も出るわけですが、そうでない場合には、かえって「〜（さ）せてもらう」を使うことで違和感を持たれるおそれがあることになります。

ここでの例で考えると、「五時に帰らせてもらいます。」という表現の場合は、

(1) 自分が帰ることを、
(2) 自分が帰ることに関する「決定権」を持つ人の許可をもらって行い、
(3) 帰らせてもらうことを「ありがたい」と思っている、

という要件を満たしているかどうか、ということになります。

おそらく(2)の条件がその「場面」にあるかどうかで、適否の判断が分かれることになりそうです。自分が帰ることはすでに決まっており、それについてだれかの許可を得る必要がないのであれば、「〜（さ）せてもらう」を使う意味があまりないからです。

ただし、実際に(2)の条件が加わったとしても、決定権を持つ人に対して、「帰らせてもらいます。」という【宣言をする表現】をするのも妙なので、「帰らせてもらえますか？」（さらには、敬語化して「帰らせていただけますか？」）という【あたかも依頼するかのような表現】にするほうがよいということになるでしょう。

要するに、「五時に帰らせてもらいます。」は、「五時に帰ります。」よりは、利益・恩恵=自分であることを明示しているという点での丁寧さはあるものの、「〜（さ）せてもらう」を用いて表す要件がない場合には、【宣言をする表現】ではなく、「五時に帰らせてもらえますか?」のような【あたかも依頼するかのような表現】などにすることで丁寧さを表せる、ということになるわけです。

6

A　それ、取ってあげましょうか？
（行動＝自分、決定権＝相手、利益・恩恵＝相手）

✦B　それ、取りましょうか？
（行動＝自分、決定権＝相手、利益・恩恵＝相手）

これらは、いずれも【申し出をする表現】ですが、利益・恩恵が相手にあることを明示すると恩着せがましさを感じさせてしまうので、明示しない方が丁寧だという原理に従えば、「取りましょうか？」にするほうが丁寧になるということです。

相手の利益・恩恵を強調しない「それ、取りましょうか？」などの【申し出をする表現】であれば、そもそもの構造が行動＝自分、決定権＝相手になるため丁寧な表現になるわけですが、実際の場面で、相手に返事をさせる必要がないということであれば、「それ、取りますよ。」のような【宣言をする表現】（行動＝自分、決定権＝自分、利益・恩恵＝この場合は相手）にすることで、親切な気持ちを表すことができるでしょう。「お手伝いしましょうか？」と相手に尋ねるよりも、「お手伝いします。」と言い切ったほうが、かえって手伝う気持ちを強く表し、相手にも気を遣わせないことになるというわけです。

第Ⅲ部のまとめ

❖あたかも表現を使った言い換え

①《行動＝自分》の表現

「帰ります。」【宣言をする表現】

（決定権＝自分、利益・恩恵＝自分）

を起点とした場合、

↓「帰ってもいいですね。」【あたかも確認をするかのような表現】

《決定権＝相手》に切り替える。

↓「帰ってもいいですか？」【あたかも許可を求めるかのような表現】

《決定権＝相手》を明示する。

↓「帰らせてもらってもいいですか？」【許可求めを強化する表現】

《利益・恩恵＝自分》を明示する。

のようになる。

②《行動＝相手》の表現

「取ってください。」【指示をする表現】
（決定権＝自分、利益・恩恵＝自分）
を起点とした場合、

↓「取ってくれますか？」【あたかも依頼をするかのような表現】
《決定権＝相手》に切り替える。

↓「取ってもらえますか？」【あたかも依頼をするかのような表現】
《行動＝自分》に切り替える。

↓「取ってもらってもいいですか？」【あたかも許可を求めるかのような表現】

《行動＝自分、決定権＝相手、利益・恩恵＝自分》の構造を持つ【許可を求める表現】に近づける。

というようになる。

①②は、

行動＝相手　↓　行動＝自分
決定権＝自分　↓　決定権＝相手
利益・恩恵＝相手　↓　利益・恩恵＝自分

のように切り替えていく（あるいはそれを明示する）ことによって、「行動につながる表現」における最も丁寧な構造である、

行動＝自分
決定権＝相手
利益・恩恵＝自分

に近づけようとする、つまり、より丁寧にしようとする工夫だといえる。

おわりに

日本語で丁寧に表現するということを考えると、どうしても敬語から離れられなくなってしまいがちですが、「敬語によらない丁寧さ」を考えることで、普通の言葉を敬語にする以前の配慮の仕方などが見えてくるはずです。そのような「敬語によらない丁寧さ」に「敬語による丁寧さ」を加えることによって、表面的な言葉遣いの丁寧さだけではない配慮が表せるのではないかと思います。

また、「敬語によらない丁寧さ」を考えることは、立場上の上位者から下位者に対する配慮としても意味があるのではないでしょうか。敬語を使って丁寧にするといってしまうと、どうしても下位者から上位者への配慮ばかりが目につくことになりますが、「敬語によらない丁寧さ」は、上位者から下位者に向けても、仲間同士であっても、お互いに必要な配慮となるわけです。

社会の中で、他者を理解し、他者に配慮することが、自分を理解してもらうことや、自分への配慮にもつながってくることを思うと、他者を尊重するためにどう行動すればよいのか、どう表現すればよいのか、といったことの重要性も高まるように思います。「敬語によらない丁寧さ」を考えることが、そうしたことに少しでも役立てば幸いです。

この本では、「敬語によらない丁寧さ」を扱ってきましたが、それとともに、前著『敬語マスター』で示した、適切な敬語にするための知識を習得し、実践していくことが大切だと思います。そして、さらに重要なことは、相互に敬意をもってやりとりするとはどういうことかを考え、実践していくかでしょう。今後は、そうした「敬意コミュニケーション」について、さらに検討を進めていきたいと考えています。

最後になりましたが、編集を担当していただいた松岡澪氏に御礼申し上げます。

二〇一五年一〇月

蒲谷　宏

参考文献

この本で述べたことをさらに掘り下げて考えてみたい人には、

・蒲谷宏（二〇一三）『待遇コミュニケーション論』大修館書店
・蒲谷宏・川口義一・坂本惠（一九九八）『敬語表現』大修館書店
・蒲谷宏・金東奎・高木美嘉（二〇〇九）『敬語表現ハンドブック』大修館書店

などを読まれることをお勧めします。ぜひご参照ください。

そして、「敬語によらない丁寧さ」を踏まえた上で、表現をどのように敬語化すればよいのか、ということに関する実践的な点を学びたい人は、

・蒲谷宏（二〇一四）『敬語マスター――まずはこれだけ　三つの基本』大修館書店

を、「敬語による丁寧さ」をさらに追求していきたい人は、

・蒲谷宏（二〇〇七）『大人の敬語コミュニケーション』（ちくま新書６９４／電子版）筑摩書房

・蒲谷宏・金東奎・吉川香緒子・高木美嘉・宇都宮陽子（二〇一〇）『敬語コミュニケーション』朝倉書店

などをご参照ください。

【許可を与える表現】

【誘いをする表現】

【あたかも確認表現】

【あたかも許可求め表現】

【あたかも依頼表現】

【許可を求める表現】

【勧め・助言をする表現】

【指示・命令をする表現】

【依頼をする表現】

索　引

[著者紹介]

蒲谷　宏（かばや　ひろし）
早稲田大学大学院文学研究科博士課程修了。博士（文学）。専門は、日本語学、日本語教育学。現在、早稲田大学大学院日本語教育研究科教授。早稲田大学日本語教育研究センター所長、同大学院日本語教育研究科長、文化審議会国語分科会委員・敬語小委員会副主査、等を務める。
著書に、『敬語表現』（1998共著）、『敬語表現教育の方法』（2006共著）、『敬語表現ハンドブック』（2009共著）、『待遇コミュニケーション論』（2013）、『敬語マスター――まずはこれだけ 三つの基本』（2014）以上大修館書店、『大人の敬語コミュニケーション』（2007）筑摩書房、『敬語コミュニケーション』（2010共著）、『日本語教育学序説』（2012共著）以上朝倉書店、等。

敬語《けいご》だけじゃない敬語《けいご》表現《ひょうげん》
――心《こころ》づかいと思《おも》いやりを伝《つた》える「丁寧《ていねい》さ」

NDC810／viii, 127p／19cm

初版第1刷――2015年12月20日

著者――――蒲谷《かばや》　宏《ひろし》
発行者――――鈴木一行
発行所――――株式会社 大修館書店
〒113-8541 東京都文京区湯島2-1-1
電話03-3868-2651（販売部）03-3868-2290（編集部）
振替00190-7-40504
[出版情報] http://www.taishukan.co.jp

装丁・イラスト――CCK
印刷所――――――広研印刷
製本所――――――牧製本

ISBN978-4-469-22245-6　Printed in Japan